ERZ

HEINRICH BÖLL

ERZÄHLUNGEN

GEKÜRZT UND VEREINFACHT
FÜR SCHULE UND SELBSTSTUDIUM

Diese Ausgabe, deren Wortschatz nur die gebräuchlichsten deutschen Wörter umfasst, wurde gekürzt und vereinfacht und ist damit den Ansprüchen des Deutschlernenden auf einer frühen Stufe angepasst.

Dieses Werk folgt der reformierten Rechtschreibung und Zeichensetzung

HERAUSGEBER
Stefan Freund *Dänemark*

Redaktion: Ulla Malmmose

Umschlagentwurf: Mette Plesner
Umschlagillustration: Palle Schmidt
Illustrationen: Oskar Jørgensen

Easy Readers

EGMONT

Gedruckt in Dänemark

HEINRICH BÖLL
1917-1985

Geboren 1917 in Köln. Nach dem Abitur 1937 Buchhändler-
lehre und Beginn eines Philologiestudiums, 1938/39 Arbeits-
dienst, 1939-45 Soldat, französische Kriegsgefangenschaft.
Nach 1945 Behördenangestellter, ab 1951 freier Schriftsteller.
Zahlreiche Reisen und Auslandsaufenthalte (Irland, UdSSR,
USA). 1972 Literaturnobelpreis. Lebte bis zu seinem Tod 1985
in Köln.

ANDERE WERKE DES AUTORS

*Der Zug war pünktlich (E, 1949), Wanderer, kommst du nach
Spa... (Pr, 1950), Wo warst du, Adam? (R, 1951), Und sagte
kein einziges Wort (R, 1953), Haus ohne Hüter (R, 1954), Das
Brot der frühen Jahre (E, 1955), Im Tal der donnernden Hufe (E,
1957), Irisches Tagebuch (Reiseb, 1957), Doktor Murkes gesam-
meltes Schweigen (Sat, 1958), Billard um halbzehn (R, 1959),
Erzählungen, Hörspiele, Aufsätze (1961), Ein Schluck Erde (Dr,
1962), Ansichten eines Clowns (R, 1963), Entfernung von der
Truppe (E, 1962), Frankfurter Vorlesungen (Ess, 1966), Ende
einer Dienstfahrt (E, 1966), Aufsätze, Kritiken, Reden (1967),
Hausfriedensbruch – Aussatz (H, Dr, 1969), Gruppenbild mit
Dame (E, 1971), Die verlorene Ehre der Katharina Blum (E,
1974), Fürsorgliche Belagerung (R, 1979), Mein trauriges Gesicht
(E, 1984), Frauen vor Flußlandschaft (R, 1987).*

INHALT

Der Lacher

Wenn ich nach meinem Beruf gefragt werde, werde ich unsicher: Ich werde rot, *stammle*, ich, der ich sonst als ein sicherer Mensch bekannt bin. Ich *beneide* die Leute, die sagen können: Ich bin Maurer. Friseuren und *Buchhaltern* neide ich die Einfachheit ihrer Berufsbezeichnungen, denn alle diese Berufe erklären sich aus sich selbst und erfordern keine längeren Erklärungen. Ich aber bin gezwungen, auf solche Fragen zu antworten: Ich bin Lacher. Das erfordert weitere Erklärungen, da ich auch die zweite Frage »Leben Sie davon?« mit »Ja« beantworten muss. Ich lebe tatsächlich von meinem Lachen, und ich lebe gut, denn mein Lachen ist gefragt. Ich bin ein guter, bin ein gelernter Lacher, kein anderer lacht so wie ich, keiner meistert so die Feinheiten meiner Kunst. Lange Zeit habe ich mich - um unangenehme Erklärungen zu vermeiden - als Schauspieler bezeichnet, doch sind meine schauspielerischen Fähigkeiten so gering, dass mir diese Bezeichnung als nicht richtig erscheint: Ich liebe die Wahrheit, und die Wahrheit ist: Ich bin Lacher. Ich bin weder Clown noch Komiker, ich erheitere die Menschen nicht, sondern stelle Heiterkeit dar: Ich lache wie ein römischer Kaiser oder wie ein empfindsamer

---

stammeln, nicht richtig sprechen können
beneiden, selbst gerne haben wollen, was ein anderer besitzt
der Buchhalter, der Mann, der die Geschäftsbücher führt

Schüler, das Lachen des 17. Jahrhunderts ist mir so vertraut, wie das des 19., und wenn es sein muss, lache ich alle Gesellschaftsklassen, alle Altersklassen durch: Ich hab's einfach gelernt, so wie man lernt, Schuhe zu
5 reparieren. Das Lachen Amerikas ruht in meiner Brust, das Lachen Afrikas, weißes, rotes, gelbes Lachen - und gegen eine gute Bezahlung lasse ich es ertönen, so wie man es von mir verlangt.

Ich bin *unentbehrlich* geworden. Ich lache auf Schal-
10 lplatten, lache auf Tonband, und man behandelt mich sehr gut. Ich lache traurig, hysterisch - lache wie ein Omnibusfahrer oder wie ein Lehrling in einem Lebensmittelgeschäft; das Lachen am Morgen, das Lachen am Abend, also: wo immer und wie immer
15 gelacht werden muss: ich mache es schon. Man wird mir glauben, dass ein solcher Beruf ermüdend ist, besonders, weil ich - das ist meine Spezialität - auch das *ansteckende* Lachen meistere; so bin ich unentbehr-lich geworden auch für schlechte Komiker, die mit
20 Recht um ihre *Pointen* zittern, und ich sitze fast jeden Abend in den Varietees herum, um an schwachen Stellen des Programms ansteckend zu lachen. Es muss gute Arbeit sein: mein herzhaftes, mildes Lachen darf nicht zu früh, darf auch nicht zu spät, es muss im rich-
25 tigen Augenblick kommen - dann lache ich wie

---

unentbehrlich, unbedingt nötig
anstecken, eine Stimmung oder Krankheit auf jemanden übertragen
die Pointe, der Höhepunkt einer lustigen Geschichte

bestellt, das ganze Publikum lacht mit, und die Pointe
ist gerettet.

Ich aber gehe dann unbemerkt zur Garderobe, ziehe
meinen Mantel an, glücklich darüber, dass ich endlich
Feierabend habe. Zu Hause liegen meist Telegramme 5
für mich »Brauchen Dienstag dringend Ihr Lachen«,
und ich sitze wenige Stunden später in einem überheiz-
ten Schnellzug und klage über mein Schicksal.

Jeder wird begreifen, dass ich nach Feierabend oder
im Urlaub wenig Lust zum Lachen habe. Der Maurer 10
ist glücklich, wenn er den *Mörtel* vergessen darf, und

---

der Feierabend, die Zeit nach der Arbeit
der Mörtel, eine Masse, mit der Steine zu einer Mauer verbunden
werden

11

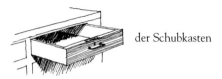

der Schubkasten

die *Tischler* haben zu Hause meistens Türen, die nicht richtig schließen, oder *Schubkästen*, die sich nur mit Mühe öffnen lassen. Bäcker lieben saure *Gurken*, Metzger Schokolade, und Boxer werden blass, wenn ihre
5 Kinder Nasenbluten haben: Ich verstehe das alles, denn ich lache nach Feierabend nie. Ich bin ein todernster Mensch, und die Leute halten mich - vielleicht mit Recht - für einen Pessimisten.

die Gurke

In den ersten Jahren unserer Ehe sagte meine Frau oft
10 zu mir: »Lach doch mal!«, aber inzwischen ist ihr klargeworden, dass ich diesen Wunsch nicht erfüllen kann. Ich bin glücklich, wenn ich mein Lachen durch tiefen Ernst ersetzen darf. Ja, auch das Lachen anderer macht mich nervös, weil es mich zu sehr an meinen
15 Beruf erinnert. So führen wir eine stille, eine friedliche Ehe, weil auch meine Frau nicht mehr lacht: ab und zu entdecke ich sie bei einem Lächeln, und dann lächele auch ich. Wir sprechen leise miteinander, denn ich hasse den Lärm der Varietees. Menschen, die mich
20 nicht kennen, halten mich für einen sehr ernsten Menschen. Vielleicht bin ich es, weil ich zu oft meinen

---

der Tischler, jemand, der Möbel, Tische, Türen und ähnliches herstellt

Mund zum Lachen öffnen muss. Mit unbewegtem Gesichtsausdruck gehe ich durch mein eigenes Leben, erlaube mir nur selten ein sanftes Lächeln, und ich denke oft darüber nach, ob ich wohl je gelacht habe. Ich glaube: nein. Meine *Geschwister* sagen, dass ich 5 immer ein ernster Junge gewesen sei. So lache ich auf manche Art und Weise, aber mein eigenes Lachen kenne ich nicht.

Fragen

1. Wie fühlt sich der Lacher, wenn er nach seinem Beruf gefragt wird?

2. Wie reagieren die Leute auf seine Antwort?

3. Wie kann er lachen?

4. Warum ist der Lacher unentbehrlich geworden?

5. Warum hat er keine Lust, nach Feierabend zu lachen?

6. Wofür halten ihn die Menschen im Privatleben?

7. Hat der Lacher je gelacht?

---

die Geschwister, Brüder und Schwestern

Die Waage der Baleks

In der Heimat meines Großvaters lebten die meisten Menschen von der Arbejt in den *Flachs*fabriken. Seit fünf Menschenaltern atmeten sie den Staub ein, der von den zerbrochenen *Stängeln* kommt, ließen sich langsam morden, geduldige und fröhliche Menschen, 5 die Schafskäse aßen, Kartoffeln, manchmal Fleisch; abends *spannen* und *strickten* sie in ihren Zimmern, tranken *Pfefferminz*tee und waren glücklich. Am Tage brachen sie den Flachs in alten Maschinen, ohne Schutz vor dem Staub und der Hitze, die aus den Trok- 10 kenöfen kam.

  In ihren Zimmern stand ein einziges Bett, das nur für die Eltern war. Die Kinder schliefen ringsum auf den Bänken. Morgens waren ihre Zimmer voll vom Geruch der Suppen; an den Sonntagen gab es *Sterz*, 15 und die Gesichter der Kinder wurden rot vor Freude, wenn an besonders festlichen Tagen der schwarze

der Flachs

der Stängel

---

spannen, von: spinnen; aus den Fasern der Pflanzen einen Faden machen
stricken, mit Hilfe von Nadeln aus Wolle etwas herstellen
die Pfefferminze, eine Pflanze
der Sterz, ein billiges Essen aus Kartoffeln, Eiern und Mehl

Eichelkaffee hell wurde, immer heller von der Milch, die die Mutter lächelnd in ihre Kaffeetöpfe goss.

Die Eltern gingen früh zur Arbeit, die Kinder mussten die Hausarbeit tun: sie machten das Zimmer sau-
5 ber, stellten alles auf seinen gewohnten Platz, wuschen
ab und schälten Kartoffeln, kostbare gelbe Früchte,
deren dünne Schale sie vorzeigen mussten, damit die
Eltern sehen konnten, dass sie die Kartoffeln sorgfältig
behandelt hatten.

10 Kamen die Kinder aus der Schule, mussten sie in die
Wälder gehen und - je nach der Jahreszeit - *Pilze* sam-
meln und *Kräuter*: *Waldmeister* und *Thymian*, *Kümmel*
und Pfefferminz, auch *Fingerhut*, und im Sommer,
wenn sie ihre mageren Wiesen abgeerntet hatten, sam-
15 melten sie *Heublumen*. Einen Pfennig gab es für das
Kilo Heublumen, die in der Stadt in den Apotheken
für zwanzig Pfennig das Kilo an nervöse Damen ver-
kauft wurden. Kostbar waren die Pilze: sie brachten
zwanzig Pfennig das Kilo und wurden in der Stadt in
20 den Geschäften für eine Mark zwanzig gehandelt. Weit
in die grünen Wälder gingen die Kinder im Herbst,
wenn die Feuchtigkeit die Pilze aus dem Boden treibt,
und fast jede Familie hatte ihre Plätze, an denen sie

 die Pilze

---

der *Eichelkaffee*, Kaffee aus der Frucht des Eichenbaumes
die *Kräuter*, Pflanzen, die zum Heilen oder beim Kochen verwendet
werden
der *Waldmeister*, der *Thymian*, der *Kümmel*, der *Fingerhut*, die *Heublume*,
Namen verschiedener Pflanzen und Kräuter

Pilze pflückte, Plätze, die die Eltern den Kindern wei-
tererzählten.

Die Wälder gehörten den Baleks, auch die Flachsfabriken, und die Baleks hatten im Heimatdorf meines
Großvaters ein Schloss, und Frau Balek hatte neben der 5
Milchküche einen kleinen Raum, in dem Pilze, Kräuter, Heublumen gewogen und bezahlt wurden. Dort
stand auf dem Tisch die große Waage der Baleks, ein
altes, mit Gold bemaltes Ding, vor dem die Großeltern
meines Großvaters schon gestanden hatten, die *Körbe* 10

der Korb

mit Pilzen, die Papiersäcke mit Heublumen in ihren
schmutzigen Kinderhänden, neugierig zusehend, wie
viele Gewichte Frau Balek auf die Waage werfen musste, bis der Zeiger genau auf dem schwarzen *Strich* stand,
dieser dünnen Linie der Gerechtigkeit, die jedes Jahr 15
neu gezogen werden musste. Dann nahm Frau Balek das
große Buch mit dem braunen Lederrücken, schrieb das
Gewicht auf und zahlte das Geld aus, Pfennige oder
Groschen und sehr, sehr selten einmal eine Mark. Und
als mein Großvater ein Kind war, stand dort ein großes 20
Glas mit sauren Bonbons, von denen, die eine Mark das
Kilo kosteten, und wenn die Frau Balek guter Laune
war, griff sie in dieses Glas und gab jedem der Kinder

---

der Strich, die Linie

17

ein Bonbon, und die Gesichter wurden rot vor Freude,
so wie sie rot wurden, wenn die Mutter an besonders
festlichen Tagen Milch in ihre Kaffeetöpfe goss, Milch,
die den Kaffee hell färbte, immer heller, bis er so hell
5   war wie die *Zöpfe* der Mädchen.

der Zopf

    Eines der Gesetze, die die Baleks dem Dorf gegeben
hatten, hieß: Keiner darf eine Waage im Hause haben.
Das Gesetz war schon so alt, dass keiner mehr darüber
nachdachte, wann und warum es entstanden war, und
10   es musste geachtet werden; denn wer es brach, durfte
nicht mehr in den Flachsbrechen arbeiten, dem wurden keine Pilze, kein Thymian, keine Heublumen
mehr abgenommen, und die Macht der Baleks reichte
so weit, dass auch in den Nachbardörfern niemand
15   ihm Arbeit gab, niemand ihm die Kräuter des Waldes
abkaufte. Aber seitdem die Großeltern meines Großvaters als kleine Kinder Pilze gesammelt, sie abgeliefert
hatten, damit sie in den Küchen der reichen Leute in
Prag den Braten verfeinern oder verbacken werden
20   konnten, seitdem hatte niemand daran gedacht, dieses
Gesetz zu brechen: Für das Mehl gab es Hohlmaße, die
Eier konnte man zählen, der Stoff wurde nach *Ellen*

---

die Elle, altes Längenmaß (60-80 cm)

gemessen, und übrigens machte die alte, mit Gold bemalte Waage der Baleks nicht den Eindruck, als könne sie nicht stimmen, und viele Familien hatten dem schwarzen Zeiger anvertraut, was sie mit kindlichem Fleiß im Walde gesammelt hatten. 5

Zwar gab es zwischen diesen stillen Menschen auch einige, die das Gesetz nicht achteten, Menschen, die in einer Nacht mehr verdienen wollten, als sie in einem Monat in der Flachsfabrik verdienen konnten, aber auch von denen hatte noch nie einer daran 10 gedacht, sich eine Waage zu kaufen oder selbst eine herzustellen. Mein Großvater war der erste, der mutig genug war, die Gerechtigkeit der Baleks zu prüfen, die im Schloss wohnten, zwei Pferdewagen fuhren, die immer einem Jungen des Dorfes das Studium der Theo- 15 ologie im Seminar in Prag bezahlten, bei denen der Pfarrer jeden Mittwoch zum Kartenspielen war, und die der Kaiser zu *Neujahr* des Jahres 1900 in den *Adels-*stand erhob.

Mein Großvater war fleißig und klug: Er ging tiefer 20 in den Wald hinein, als vor ihm andere Kinder gegangen waren, er kam bis zu dem dichten Wald, in dem - wie man sagt - Bilgan, der *Riese*, wohnen sollte. Aber mein Großvater hatte keine Furcht vor Bilgan: er ging weiter durch den dichten Wald, schon als kleiner Jun- 25 ge, brachte viele Pilze mit, fand sogar *Trüffeln*, die Frau Balek mit dreißig Pfennig das Pfund berechnete. Mein

---

das Neujahr, der erste Tag eines Jahres
der Adel, der oberste Stand in der Gesellschaft
der Riese, ein übergroßer Mensch
die Trüffel, ein Pilz, der unter der Erde wächst

Großvater schrieb alles auf, was er den Baleks brachte: jedes Pfund Pilze, jedes Gramm Thymian, und mit seiner Kinderschrift schrieb er rechts daneben, was er dafür bekommen hatte; jeden Pfennig schrieb er auf,
5 von seinem siebten bis zu seinem zwölften Jahr, und als er zwölf war, kam das Jahr 1900, und die Baleks schenkten jeder Familie im Dorf, weil der Kaiser sie in den Adelsstand erhoben hatte, ein Viertelpfund echten Kaffee, von dem, der aus Brasilien kommt. Es gab
10 auch Bier und Tabak für die Männer, und im Schloß fand ein großes Fest statt; viele Pferdewagen standen in der Allee, die vom Dorf zum Schloss führt.

Aber am Tage vor dem Fest schon wurde der Kaffee ausgegeben in dem kleinen Raum, in dem seit fast
15 hundert Jahren die Waage der Baleks stand, die jetzt Balek von Bilgan hießen, weil Bilgan, der Riese, dort ein großes Schloss gehabt haben soll, wo die Gebäude der Baleks stehen.

Mein Großvater hat mir oft erzählt, wie er nach der
20 Schule dorthin ging, um den Kaffee für vier Familien abzuholen: für die Cechs, die Beidlers, die Vohlas und für seine eigene, die Brüchers. Es war der Nachmittag vor *Silvester*: Die Zimmer mussten hergerichtet, es musste gebacken werden, und man wollte nicht vier Jun-
25 gen ins Schloss schicken, um ein Viertelpfund Kaffee zu holen.

Und so saß mein Großvater auf der kleinen schma-

---

das Silvester, letzter Tag im Jahre

len Holzbank im Zimmer, ließ sich von Gertrud, dem Dienstmädchen, die fertigen Achtelkilopakete Kaffee vorzählen, vier Stück, und blickte auf die Waage, auf deren linker *Schale* der Halbkilostein liegengeblieben war; Frau Balek von Bilgan war mit den Vorbereitun- 5 gen für das Fest beschäftigt. Und als Gertrud nun in das Glas mit den sauren Bonbons greifen wollte, um meinem Großvater eines zu geben, entdeckte sie, dass es leer war: Es wurde jährlich einmal neugefüllt und fasste ein Kilo von denen zu einer Mark. 10

Gertrud lachte, sagte: »Warte, ich hole die neuen«, und mein Großwater blieb mit den vier Achtelkilopa- keten, die in der Fabrik verpackt und verklebt waren, vor der Waage stehen, auf der jemand einen Halbkilo- stein liegengelassen hatte, und mein Großvater nahm 15 die Kaffeepaketchen, legte sie auf die leere Waagscha- le, und sein Herz klopfte heftig, als er sah, wie der schwarze Zeiger der Gerechtigkeit links neben dem Strich hängenblieb und das halbe Kilo Kaffee ziemlich hoch in der Luft hing. Sein Herz klopfte heftiger, als 20 wenn er im Walde hinter einem Baum gelegen, auf Bil- gan, den Riesen, gewartet hätte, und er suchte aus sei- ner Tasche kleine Steine, wie er sie immer bei sich trug, um mit der *Schleuder* nach Vögeln zu schießen,

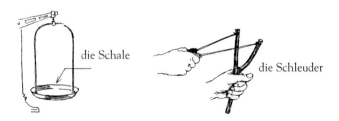

die Schale

die Schleuder

21

die im Garten seiner Mutter Schaden anrichteten -
drei, vier, fünf Steine musste er neben die vier Kaffee-
pakete legen, bis die Schale mit dem Halbkilostein
herabkam und der Zeiger endlich scharf über dem
5 schwarzen Strich lag.

Mein Großvater nahm den Kaffee von der Waage, legte die fünf Steine in sein Taschentuch, und als Gertrud mit den Bonbons kam, die wieder ein Jahr reichen mussten, um Freude in die Gesichter der Kinder zu treiben, als Gertrud die Bonbons ins Glas *schüttete*, stand 5 der kleine blasse Junge da, und nichts schien sich verändert zu haben. Mein Großvater nahm nun drei von den Paketen, und Gertrud blickte erstaunt und angstvoll auf den blassen Jungen, der das saure Bonbon auf die Erde warf, es zertrat und sagte: »Ich will Frau Balek 10 sprechen.«

»Balek von Bilgan, bitte«, sagte Gertrud.

»Gut, Frau Balek von Bilgan«, aber Gertrud lachte ihn aus, und er ging im Dunkeln ins Dorf zurück, brachte den Cechs, den Beidlers, den Vohlas ihren Kaffee 15 und sagte, er müsse noch zum Pfarrer.

Aber er ging mit seinen fünf kleinen Steinen im Taschentuch in die dunkle Nacht. Er musste weit gehen, bis er jemand fand, der eine Waage hatte, eine haben durfte: in den Dörfern Blaugrau und Bernau 20 hatte niemand eine, das wusste er, und er ging durch sie hindurch, bis er nach zwei Stunden in das kleine Städtchen Dielheim kam, wo der Apotheker Honig wohnte. Aus Honigs Haus kam der Geruch frisch gebackenen Kuchens, und Honigs Atem, als er dem 25 Jungen öffnete, roch schon nach *Glühwein*, und er hatte die nasse Zunge zwischen den schmalen Lippen, hielt die kalten Hände des Jungen einen Augenblick

---

schütten, gießen
der Glühwein, warmer Wein mit Gewürzen

fest und sagte: »Na, ist es schlimmer geworden mit deinem Vater?«

»Nein, ich komme nicht um Medizin, ich wollte ...«
Mein Großvater machte sein Taschentuch auf, nahm
5 die fünf kleinen Steine heraus, hielt sie Honig hin und
sagte: »Ich wollte das gewogen haben.«

Er blickte ängstlich in Honigs Gesicht, aber als
Honig nichts sagte, nicht wütend wurde, auch nicht
fragte, sagte mein Großvater: »Es ist das, was an der
10 Gerechtigkeit fehlt«, und mein Großvater fühlte jetzt,
als er in das warme Zimmer kam, wie nass seine Füße
waren. Der Schnee war durch die schlechten Schuhe
hindurchgegangen, und im Wald hatten die Zweige
Schnee über ihn geschüttelt, und er war müde und
15 hungrig. Plötzlich fing er an zu weinen, weil er an die
vielen Pilze denken musste, die Kräuter, die Blumen,
die auf der Waage gewogen worden waren, an der das
Gewicht von fünf kleinen Steinen an der Gerechtigkeit fehlte. Und als Honig, den Kopf schüttelnd, die
20 fünf Steine in der Hand, seine Frau rief, dachte mein
Großvater an seine Eltern, seine Großeltern, die alle
ihre Pilze, ihre Blumen auf der Waage hatten wiegen
lassen müssen, und er dachte an all die Ungerechtig-
keit, und er fing noch heftiger an zu weinen, setzte sich
25 ohne dass er dazu eingeladen worden war, auf einen der
Stühle in Honigs Zimmer, sah nicht den Pfannkuchen,
die heiße Tasse Kaffee, die die gute und dicke Frau
Honig ihm hinstellte, und hörte erst auf zu weinen, als
Honig selbst aus dem Laden vorne zurückkam und, die
30 Steine in der Hand schüttelnd, leise zu seiner Frau sagte: »Fünfeinhalb *Deka* genau.«

---

das Deka, zehn Gramm

Mein Großvater ging die zwei Stunden durch den Wald zurück, ließ sich *prügeln* zu Hause, schwieg, als er nach dem Kaffee gefragt wurde, sagte kein Wort, rechnete den ganzen Abend auf seinem Zettel herum, auf dem er alles aufgeschrieben hatte, was er der Frau 5 Balek geliefert hatte, und als es Mitternacht schlug, alle feierten, als die Familie sich geküsst, sich umarmt hatte, sagte er in das folgende Schweigen des neuen Jahres hinein: »Baleks schulden mir achtzehn Mark und zweiunddreißig Pfennig.« Und wieder dachte er an 10 die vielen Kinder, die es im Dorf gab, dachte and seinen Bruder Fritz, der viele Pilze gesammelt hatte, an seine Schwester Ludmilla, dachte an die vielen hundert Kinder, die alle für die Baleks Pilze gesammelt hatten, Kräuter und Blumen, und er weinte diesmal nicht, 15 sondern erzählte seinen Eltern, seinen Geschwistern von seiner Entdeckung.

Als die Baleks von Bilgan am Neujahrstage in die Kirche kamen, das neue *Wappen* schon in Blau und Gold auf ihrem Wagen, blickten sie in die harten und 20 blassen Gesichter der Leute, die alle auf sie *starrten*. Sie hatten am Morgen Musik vor dem Schloss erwartet, Hochrufe, Glückwünsche, aber das Dorf lag da wie tot, als sie hindurchfuhren, und in der Kirche wandten sich ihnen die Gesichter der blassen Leute stumm zu, 25

---

prügeln, heftig schlagen
das Wappen, siehe Zeichnung auf Seite 26
starren, unbewegt in eine Richtung blicken

das Wappen

stumm und feindlich, und als der Pfarrer auf die *Kanzel*
stieg, um die *Festpredigt* zu halten, fühlte er die Kälte
der sonst so friedlichen und stillen Gesichter. Und als
die Baleks nach der Messe die Kirche wieder verließen,
5 gingen sie an einer Reihe stummer, blasser Gesichter
vorbei. Die junge Frau Balek von Bilan aber blieb vorne bei den Kinderbänken stehen, suchte das Gesicht
meines Großvaters, des kleinen Franz Brücher, und
fragte ihn in der Kirche: »Warum hast du den Kaffee

---

stumm, ohne zu sprechen
die Kanzel, der Platz in der Kirche für den Pfarrer
die Predigt, das, was der Pfarrer von der Kanzel sagt

26

für deine Mutter nicht mitgenommen?« Und mein
Großvater stand auf und sagte: »Weil Sie mir noch so
viel Geld schulden wie fünf Kilo Kaffee kosten«, und
er zog die fünf Steine aus der Tasche, hielt sie der jungen Frau hin und sagte: »So viel, fünfeinhalb Deka, 5
fehlen auf ein halbes Kilo an Ihrer Gerechtigkeit.«
Und noch ehe die Frau etwas sagen konnte, begannen
die Männer und Frauen in der Kirche das Lied zu singen: »Gerechtigkeit der Erden, o Herr, hat Dich getötet ...« 10
Während die Baleks in der Kirche waren, war Wilhelm Vohla in das kleine Zimmer eingestiegen, hatte
die Waage gestohlen und das große, dicke, in Leder

eingebundene Buch, in dem jedes Kilo Pilze, jedes Kilo
Heublumen, alles aufgeschrieben war, was von den
Baleks im Dorf gekauft worden war, und den ganzen
Nachmittag des Neujahrstages saßen die Männer des
5 Dorfes im Zimmer meiner *Urgroßeltern* und rechneten,

---

die *Urgroßeltern*, die Eltern der Großeltern

28

rechneten elf Zehntel von allem, was gekauft worden war.

Aber als sie schon viele tausend Mark errechnet hatten und noch immer nicht zu Ende waren, kam die Polizei schießend und stechend in das Zimmer meines Urgroßvaters und holte mit Gewalt die Waage und das Buch heraus. Die Schwester meines Großvaters wurde dabei getötet, die kleine Ludmilla, ein paar Männer verletzt, und einer der Polizisten wurde von Wilhelm Vohla erstochen.

Es kam zu Unruhen, nicht nur in unserem Dorf, auch in Blaugrau und Bernau, fast eine Woche lang wurde nicht gearbeitet in den Flachsfabriken. Aber es kamen sehr viele Polizisten, und man drohte den Männern und Frauen mit Gefängnis, und die Baleks zwangen den Pfarer, öffentlich in der Schule zu zeigen und zu beweisen, dass der Zeiger der Gerechtigkeit richtig anzeigte. Und die Männer und Frauen gingen wieder in die Flachsfabriken - aber niemand ging in die Schule, um dem Pfarrer zuzusehen: Er stand ganz allein da, hilflos und traurig mit seinen Gewichtssteinen, der Waage und den Kaffeepaketen.

Und die Kinder sammelten wieder Pilze, sammelten Thymian, Blumen und Fingerhut, aber jeden Sonntag wurde in der Kirche, sobald die Baleks sie betraten, das Lied gesungen: »Gerechtigkeit der Erden, o Herr, hat Dich getötet«, bis die Polizei in allen Dörfern bekannt geben ließ, das Singen dieses Liedes sei verboten.

Die Eltern meines Großvaters mussten das Dorf verlassen, das frische *Grab* ihrer kleinen Tochter. Sie wur-

---

das Grab, siehe Zeichnung auf Seite 31

den Korbmacher, blieben an keinem Ort lange, weil es ihnen weh tat zuzusehen, wie in allen Orten der Zeiger der Gerechtigkeit falsch ausschlug. Sie zogen, hinter dem Wagen, der langsam über die Landstraße kroch, ihre magere *Ziege* mit, und wer an dem Wagen vorbei- 5 kam, konnte manchmal hören, wie drinnen gesungen wurde: »Gerechtigkeit der Erden, o Herr, hat Dich getötet.« Und wer ihnen zuhören wollte, konnte die Geschichte hören von den Baleks von Bilgan, an deren Gerechtigkeit ein Zehntel fehlte. Aber es hörte 10 ihnen fast niemand zu.

das Grab

die Ziege

Fragen

1. Wovon lebten die meisten Menschen in der Heimat des Franz Brücher?

2. Was sammelten die Kinder?

3. Warum durfte keiner eine Waage im Haus haben?

4. Was sollte Franz am Silvesternachmittag im Schloss abholen?

5. Wo wurde der Kaffee ausgegeben?

6. Wie fand Franz heraus, dass die Waage der Baleks falsch anzeigte?

7. Wo ließ er die Steine wiegen?

8. Um wie viel Gramm wog die Waage falsch?

9. Wie viel Geld schuldeten ihm die Baleks?

10. Wer wurde bei den Unruhen getötet?

11. Warum blieben die Brüchers nie lange an einem Ort?

12. Warum wollte fast niemand ihre Geschichte hören?

Mein Onkel Fred

Mein Onkel Fred ist der einzige Mensch, der mir hilft, die Erinnerung an die Jahre nach 1945 auszuhalten. Er kam an einem Sommernachmittag aus dem Krieg heim, einfach gekleidet, als einzigen Besitz eine *Blech*büchse an einer Schnur um den Hals, sowie einige Zig- *5* aretten*stummel*, die er sorgfältig in einer kleinen Schachtel aufhob.

Er umarmte meine Mutter, küsste meine Schwester und mich, *murmelte* die Worte »Brot, Schlaf, Tabak« und legte sich auf unser Familiensofa, und so erinnere *10* ich mich an ihn, als einen Menschen, der länger war als unser Sofa, was ihn zwang, seine Beine entweder an den Körper zu ziehen, oder sie einfach über das Sofa hängen zu lassen. Beide Möglichkeiten verursachten, dass er wütend auf unsere Großeltern wurde, von *15* denen wir dieses wertvolle Möbelstück bekamen. Er nannte diese ehrenwerte Generation altmodisch, verachtete ihren Geschmack wegen des rosa Stoffes, mit

---

das Blech, dünnes Metall
der Stummel, der Rest
murmeln, leise und undeutlich sprechen

dem das Sofa bezogen war, fühlte sich aber nicht gehindert, auf dem Sofa sehr lange zu schlafen.

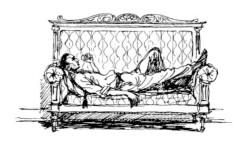

Ich selbst hatte damals eine undankbare Aufgabe in unserer Familie: ich war vierzehn Jahre alt und die ein-
5 zige Verbindung zu dem, was wir *Schwarzmarkt* nann-
ten. Mein Vater war als Soldat im Krieg gefallen, mei-
ne Mutter bekam eine sehr geringe Pension, und so bestand meine Aufgabe darin, fast täglich kleinere Tei-
le unseres Besitzes zu *verscheuern* oder sie gegen Brot,
10 Kohle und Tabak zu *tauschen*. Aber Kohle konnte man auch stehlen, und so ging ich fast täglich zum Dieb-
stahl oder Verscheuern aus, und meine Mutter, obwohl sie die Notwendigkeit solchen Tuns begriff, sah mich morgens nur mit Tränen in den Augen meinen Pflich-
15 ten entgegengehen. So hatte ich die Aufgabe, ein Kop-

das Kissen

---

der Schwarzmarkt, verbotener Handel mit Mangelwaren
verscheuern, etwas zu Geld machen oder etwas Geringeres dafür bekommen
tauschen, etwas geben, um etwas anderes dafür zu bekommen

fkissen zu Brot, oder drei Bücher von Gustav Freytag zu fünfzig Gramm Kaffee zu machen. Das waren Aufgaben, die ich zwar als eine Art Sport betrachtete, aber über die ich doch nicht ganz glücklich war. Denn die Erwachsenen waren sich damals sehr uneinig über die Wertbegriffe. So kam es, dass ich hin und wieder, was ich für nicht richtig hielt, in den Verdacht kam, unehrlich zu sein, weil meine Mutter die zu verscheuernden Dinge für wertvoller hielt, als sie es in Wirklichkeit waren. Es war schon hart, zwischen zwei Wertwelten zu stehen.

Onkel Freds *Ankunft* weckte in uns allen die Erwartung männlicher Hilfe. Aber zuerst *enttäuschte* er uns. Schon vom ersten Tage an machte mir sein Appetit große Sorge, und als ich dies meiner Mutter sagte, bat sie mich, ihn erst einmal »zu sich kommen zu lassen«. Es dauerte fast acht Wochen, ehe er zu sich kam. Trotzdem er mit dem schlechten Sofa unzufrieden war, schlief er doch recht gut, verbrachte den Tag liegend, während er uns mit leidender Stimme erklärte, welche Stellung er im Schlaf vorziehe.

Ich glaube, es war die Stellung eines Läufers vor dem Start, die er damals allen anderen zeigte. Er liebte es, nach dem Essen auf dem Rücken liegend, ein großes Stück Brot langsam und genußvoll in sich hineinzuschieben, dann eine Zigarette zu drehen und dem Abendessen entgegenzuschlafen. Er war sehr groß und

---

die Ankunft, das Ankommen
enttäuschen, die Erwartungen nicht erfüllen

blass und hatte eine runde *Narbe* am *Kinn*. Obwohl mich sein Appetit und sein Schlaf weiterhin beunruhigten, mochte ich ihn sehr gern. Er war der einzige, mit dem ich wenigstens über den Schwarzmarkt
5 sprechen konnte, ohne Streit zu bekommen. Anscheinend war er über den Unterschied zwischen den beiden Wertwelten gut informiert.

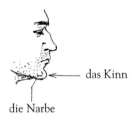

das Kinn

die Narbe

Vom Krieg wollte er nie erzählen. Er behauptete, es lohne sich nicht. Hin und wieder berichtete er uns von
10 seiner *Musterung*, die offenbar fast nur darin bestanden hatte, dass ein uniformierter Mensch Onkel Fred mit lauter Stimme aufgefordert hatte, in ein Glas zu urinieren, was Onkel Fred nicht gleich hatte tun können, womit seine Laufbahn als Soldat von Anfang an unter
15 einem ungünstigen Zeichen stand. Er behauptete, dass das lebhafte Interesse des deutschen Reiches für seinen Urin ihn *misstrauisch* werden ließ, und die sechs Jahre Krieg haben ihm gezeigt, wie Recht er hatte.

Er war früher Buchhalter gewesen, und als die ersten
20 vier Wochen auf unserem Sofa vorüber waren, forderte meine Mutter ihn vorsichtig auf, nach seiner alten

---

die Musterung, die Prüfung, ob ein Mann Soldat werden kann
misstrauisch, ohne Vertrauen

Firma zu fragen - er gab diese Aufforderung an mich weiter. Aber alles, was ich herausfinden konnte, war eine *Ruine* von ungefähr acht Metern Höhe, die ich nach längerem Suchen in einem zerstörten Stadtteil fand. Onkel Fred war mit dem Ergebnis meiner Unter- 5 suchung sehr zufrieden. Er drehte sich eine Zigarette, blickte meine Mutter triumphierend an und bat sie, seine Sachen herauszusuchen. In der Ecke unseres Schlafzimmers fand sich eine sorgfältig vernagelte *Kiste*, die wir unter großer Erwartung mit Hammer und 10 *Zange* öffneten. Es kamen heraus: eine goldene Taschenuhr, zwei Paar *Hosenträger*, einige *Notizbücher*, das *Diplom* der Handelskammer und ein Sparkassenbuch über 1200 Mark.

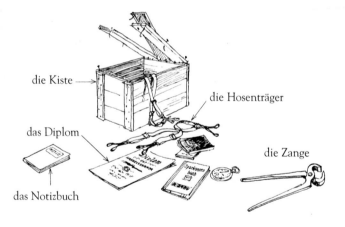

die Kiste

das Diplom

das Notizbuch

die Hosenträger

die Zange

Ich sollte das Geld vom Sparkassenbuch abholen 15 und den Rest verscheuern - auch das Diplom von der Handelskammer, das aber niemand haben wollte, weil

---

die Ruine, ein zerstörtes Gebäude

die Tulpe

Onkel Freds Name mit schwarzer *Tusche* geschrieben war.

So waren wir vier Wochen jede Sorge um Brot, Tabak und Kohlen los, was ich sehr gut fand, weil alle Schulen wieder einladend ihre Tore öffneten, und ich aufgefordert wurde, wieder zur Schule zu gehen.

Aber das Ereignis in dieser Zeit war die Tatsache,

---

die Tusche, farbige, meistens schwarze Flüssigkeit zum Schreiben

die Nelke

dass Onkel Fred gut acht Wochen nach seiner erfreulichen Heimkehr etwas unternahm.

Er stand an einem Spätsommertag morgens von seinem Sofa auf, rasierte sich so gründlich, dass wir staunten, verlangte saubere Wäsche, lieh sich mein Fahrrad 5 und verschwand.

Seine späte Heimkehr stand unter dem Zeichen großen Lärms und eines heftigen Weingeruchs. Der Weingeruch kam aus dem Mund meines Onkels, der Lärm von einem halben Dutzend Blecheimern, die er mit einer Schnur zusammengebunden hatte. Unsere Verwunderung legte sich erst, als wir erfuhren, dass er entschlossen sei, den Blumenhandel in unserer sehr zer-

5 störten Stadt zum Leben zu erwecken. Meine Mutter, äußerst misstauisch gegen die neue Wertwelt, war sofort gegen den Plan und behauptete, für Blumen bestehe kein Bedarf. Aber sie irrte sich.

Es war ein bedeutungsvoller Morgen, als wir Onkel

10 Fred halfen, die frischgefüllten Eimer an die *Straßenbahnhaltestelle* zu bringen, wo er sein Geschäft startete. Und ich habe den Anblick der gelben und roten *Tulpen*, der feuchten *Nelken* noch heute im Gedächtnis, und werde nie vergessen, wie schön er aussah, als er

15 inmitten der grauen Gestalten und Ruinen stand und mit lauter Stimme anfing zu rufen: »Blumen *ohne*!«

Über die Entwicklung seines Geschäfts brauche ich nichts zu sagen. Schon nach vier Wochen war er Besitzer von drei Dutzend Eimern, zwei weiteren Blumen-

20 ständen, und einen Monat später war er *Steuer*zahler. Die ganze Stadt schien nun verändert: an viele Ecken

die Bretterbude

---

die *Straßenbahnhaltestelle, die Tulpe, die Nelke,* siehe Zeichnung auf Seite 38-39
ohne, hier: ohne Zuteilung, ohne Tausch
die Steuer, Geld, das man dem Staat bezahlt

kamen nun Blumenstände, der Bedarf war nicht zu decken. Immer mehr Eimer wurden angeschafft, *Bretterbuden* errichtet.

Jedenfalls hatten wir nicht nur dauernd frische Blumen, sondern auch Brot und Kohle, und ich brauchte 5 nicht mehr auf den Schwarzmarkt zu gehen. Onkel Fred ist längst ein reicher Mann: seine Geschäfte blühen immer noch. Er hat ein Auto, und ich bin als sein *Erbe* vorgesehen und habe den Auftrag, an der Universität zu studieren, um mich schon vor dem Erbe mit 10 den steuerlichen Angelegenheiten des Geschäftes beschäftigen zu können.

Wenn ich ihn heute sehe, einen dicken Menschen in seinem großen roten Wagen, kommt es mir merkwürdig vor, dass es eine Zeit in meinem Leben gab, in 15 der mir sein Appetit schlaflose Nächte bereitete.

---

der Erbe, jemand, der etwas von einem Verstorbenen bekommt

Fragen

1. Was besaß Onkel Fred, als er aus dem Krieg heimkam?

2. Welche Aufgaben hatte der Erzähler in der Familie?

3. Warum war die Familie von Onkel Fred enttäuscht?

4. Was erzählte Onkel Fred vom Krieg und von seiner Musterung?

5. Welche Sachen waren in Onkel Freds Kiste?

6. Warum konnte er das Diplom der Handelskammer nicht loswerden?

7. Wann fing Onkel Fred zu arbeiten an?

8. Worin bestand seine Arbeit?

9. Wie ging es mit dem Blumengeschäft?

Wie in schlechten Romanen

Für den Abend hatten wir Herrn und Frau Zumpen 5
eingeladen, nette Leute, deren Bekanntschaft ich dem
Vater meiner Frau verdanke; seit wir verheiratet sind,
bemüht er sich, mich mit Leuten bekannt zu machen,
die mir in meinem Geschäft nützen können, und Zumpen kann nützen: er ist Chef einer Kommission, die 10
große Bauaufträge vergibt, und ich habe in eine Baufir-
ma *eingeheiratet*.

Ich war nervös an diesem Abend, aber meine Frau,
Bertha, beruhigte mich. »Die Tatsache«, sagte sie,
»dass er überhaupt kommt, bedeutet schon etwas. Ver- 15
suche nur, das Gespräch vorsichtig auf den Auftrag zu
bringen. Du weißt, dass morgen abgemacht wird, wer
die Arbeit ausführen soll.«

Ich stand hinter der Haustürgardine und wartete auf
Zumpen. Ich rauchte, zertrat die Zigarettenstummel 20
und schob die *Fußmatte* darüber. Wenig später stellte
ich mich hinter das Badezimmerfenster und dachte
darüber nach, warum Zumpen die Einladung wohl
angenommen hatte; er konnte nicht viel Interesse dar-

die Fußmatte

---

einheiraten, durch Heirat eintreten, aufgenommen werden

an haben, mit uns zu Abend zu essen, und die Tatsache, dass morgen bestimmt werden sollte, wer die
große Arbeit übernehmen würde, zu der ich mich auch
bereit erklärt hatte, hätte ihm die Sache genauso
5 unangenehm machen müssen, wie sie es für mich war.

Ich dachte auch an den Auftrag: es war ein großer
Auftrag, und ich würde 20000 Mark daran verdienen,
und ich wollte das Geld gerne haben.

Bertha hatte meinen Anzug gewählt: dunkler Rock,
10 eine etwas hellere Hose und die *Krawatte* in neutraler
Farbe.

die Krawatte

Solche Dinge hat sie zu Hause gelernt und in der
Schule für junge Mädchen bei den *Nonnen*. Auch, was
man den Gästen anbietet: wann man den Kognak
15 reicht, wann den Wermut, wie man die Nachspeise
zusammenstellt: es ist beruhigend, eine Frau zu haben,
die solche Sachen genau weiß.

Aber auch Bertha war nervös: Als sie mir ihre Hän-

die Nonne

de auf die Schultern legte, berührten sie meinen Hals, und ich merkte, dass die Daumen feucht und kalt waren.

»Es wird schon gut gehen«, sagte sie. »Du wirst den Auftrag bekommen.«

»Mein Gott«, sagte ich, »es geht für mich um 20000 Mark, und du weißt, wie gut wir sie gebrauchen können.« »Man soll«, sagte sie leise, »den Namen Gottes nie nennen, wenn von Geld die Rede ist!«

Ein dunkles Auto hielt vor unserem Haus, ein Fabrikat, das mir unkekannt war, aber italienisch aussah. »Langsam«, flüsterte Bertha, »warte, bis sie geklingelt haben, lass sie zwei oder drei Sekunden stehen, dann geh langsam zur Tür und öffne.«

Ich sah Herrn und Frau Zumpen die Treppe heraufkommen: er ist schlank und groß, sein Haar ein wenig grau, er ist einer von der Sorte, die man vor dreißig Jahren »*Schwerenöter*« nannte; Frau Zumpen ist eine von den mageren dunklen Frauen, bei deren Anblick ich immer an *Zitronen* denken muss.

die Zitrone

Zumpens Gesicht sagte mir, dass es furchtbar langweilig für ihn war, mit uns zu essen. Dann klingelte es, und ich wartete eine, wartete zwei Sekunden, ging langsam zur Tür und öffnete.

---

der Schwerenöter, ein Mann, der bei den Frauen immer Erfolg hat und bewundert wird

»Ach«, sagte ich, »es ist wirklich nett, dass Sie zu uns gekommen sind!«

Wir gingen mit den Kognakgläsern in der Hand durch unsere Wohnung, die Zumpens gern sehen woll-
5 ten. Bertha blieb in der Küche, um letzte Hand an die kleinen Stücke Butterbrot zu legen.

Den Zumpens gefiel unsere Wohnung; sie lächelten sich an, als sie in meinem Arbeitszimmer den großen Schreibtisch sahen, auch mir kam er in diesem Augen-
10 blick ein wenig zu groß vor.

Zumpen lobte einen kleinen *Rokoko*schrank, den ich, als wir heirateten, von meiner Großmutter bekommen hatte, und eine Barockmadonna in unserem Schlafzimmer.

15 Als wir ins Esszimmer zurückkamen, stand das Essen auf dem Tisch; auch das hatte Bertha nett gemacht, so schön und doch sehr natürlich, und es wurde ein gemütliches Essen. Wir sprachen über Filme und Bücher, über die letzten Wahlen, und Zumpen lobte
20 die verschiedenen Käsesorten, und Frau Zumpen lobte den Kaffee und die Kuchen. Dann zeigten wir Zumpens die Fotos von unserer Hochzeitsreise: Bilder von der französischen Atlantikküste, Spanien und Straßenbilder aus Casablanca.

25 Wir tranken jetzt wieder Kognak, und als ich aufstehen und das Kästchen mit den Fotos aus unserer *Verlobungszeit* holen wollte, gab mir Bertha ein Zei-

---

das Rokoko, der Barock, Kunstrichtungen aus dem 17. und 18. Jahrhundert.
die Verlobungszeit, die Zeit vor der Hochzeit

chen, und ich holte das Kästchen nicht. Es wurde für zwei Minuten ganz still, weil wir keinen Gesprächsstoff mehr hatten, und wir dachten alle an den Auftrag; ich dachte an die 20000 Mark; Zumpen blickte auf die Uhr, sagte: »Schade: es ist zehn; wir müssen weg. Es war ein so netter Abend!« Und Frau Zumpen sagte: »Herrlich war es, und ich hoffe, wir werden Sie einmal bei uns sehen.«

»Gern würden wir kommen«, sagte Bertha, und wir standen noch eine halbe Minute herum, dachten wieder alle an den Auftrag, und ich hatte das Gefühl, dass Zumpen darauf wartete, dass ich ihn beiseite nehmen und mit ihm darüber sprechen würde. Aber ich tat es nicht. Zumpen küsste Bertha die Hand, und ich ging voran, öffnete die Türen und half Frau Zumpen ins Auto.

»Warum«, sagte Bertha sanft, »hast du nicht mit ihm über den Auftrag gesprochen? Du weißt doch, dass es morgen abgemacht wird, wer ihn bekommt.«

»Mein Gott«, sagte ich, »ich wusste nicht, dass ich die Rede darauf hätte bringen sollen.«

»Bitte«, sagte sie sanft, »du hättest ihn aus irgendeinem Grunde in dein Arbeitszimmer bitten und dort mit ihm sprechen müssen. Du hast doch bemerkt, wie sehr er sich für Kunst interessiert. Du hättest sagen sollen: Ich habe da noch ein *Brustkreuz* aus dem 18. Jahrhundert, vielleicht würde es Sie interessieren, das zu sehen, und dann ...«

das Brustkreuz

47

Ich schwieg, und sie seufzte und ging in die Küche.
Ich folgte ihr; wir setzten die restlichen Butterbrote in
den Eisschrank, und ich half ihr mit anderen Kleinig-
keiten. Ich brachte den Kognak weg, zählte die Zigar-
5 ren: Zumpen hatte nur eine geraucht; ich aß stehend

noch einen Kuchen und sah nach, ob noch Kaffee in der *Kanne* war. Als ich in die Küche zurückkehrte, stand Bertha mit dem Autoschlüssel in der Hand da.

»Was ist denn los?«, fragte ich.

»Natürlich müssen wir hin«, sagte sie. 5

»Wohin?«

»Es ist gleich halb elf.«

»Und wenn es Mitternacht wäre«, sagte Bertha, »soviel ich weiß, gilt es 20000 Mark. Glaub nicht, dass die so empfindlich sind.« 10

Sie ging ins Badezimmer, und ich stand hinter ihr und blickte ihr zu, wie sie den Mund abwischte, die Linien neu zog, und zum ersten Mal fiel mir auf, wie breit und kindlich dieser Mund ist. Als sie mir die Krawatte umband, hätte ich sie küssen können, wie ich es 15 früher getan hatte, aber ich küsste sie nicht.

In der Stadt waren die Cafés und die Restaurants hell erleuchtet. Leute saßen im Freien. Bertha sandte mir einen Blick, der mir Mut geben sollte; aber sie blieb im Auto, als wir vor Zumpens Haus hielten, und ich drück- 20 te sofort auf die Klingel und war erstaunt, wie schnell die Tür geöffnet wurde. Frau Zumpen schien nicht erstaunt, mich zu sehen; sie trug einen Hausanzug mit langen Hosen, aus schwarzem Stoff mit gelben Blumen, und mehr als je musste ich an Zitronen denken. 25

»Entschuldigen Sie«, sagte ich, »ich möchte Ihren Mann sprechen.«

»Er ist noch ausgegangen«, sagte sie, »er wird in einer halben Stunde zurück sein.«

---

die Kanne, siehe Zeichnung auf Seite 68

49

Ich sah hinter Frau Zumpen viele Madonnen, *gotische* und barocke, auch Rokokomadonnen, wenn es die überhaupt gibt.

»Schön«, sagte ich, »wenn Sie erlauben, komme ich in einer halben Stunde zurück.«

Bertha hatte sich eine Abendzeitung gekauft; sie las darin, rauchte, und als ich mich neben sie setzte, sagte sie: »Ich glaube, du hättest auch mit ihr darüber sprechen können.«

»Woher weißt du denn, dass er nicht da war?«

»Weil ich weiß, dass er im Klub sitzt und *Schach* spielt, wie jeden Mittwochabend um diese Zeit.«

---

gotisch, ältere Kunstform

das Schachspiel

»Das hättest du mir früher sagen können.«

»Versteh mich doch«, sagte Bertha und legte die Abendzeitung weg. »Ich möchte dir doch helfen, möchte, dass du es von selbst lernst, solche Sachen zu ordnen. Wir hätten nur Vater anzurufen brauchen, und er hätte mit einem einzigen Telefongespräch die Sache für dich in Ordnung gebracht, aber ich will doch, dass du allein den Auftrag bekommst.«

»Schön«, sagte ich, »was machen wir also: warten wir die halbe Stunde oder gehen wir gleich 'rauf und reden mit ihr?«

»Am besten gehen wir gleich 'rauf«, sagte Bertha. Wir stiegen aus und gingen zusammen nach oben.

»Das Leben«, sagte Bertha, »besteht darin, Verhandlungen zu führen und sich mit jemandem einigen zu können.«

Frau Zumpem war genauso wenig erstaunt wie eben, als ich allein gekommen war. Sie begrüßte uns, und wir gingen hinter ihr her in das Arbeitszimmer ihres Mannes. Frau Zumpen holte die Kognakflasche, schenkte ein, und noch bevor ich etwas von dem Auftrag sagen konnte, schob sie mir eine gelbe Mappe zu: »Neubau Tannenidyll« las ich und blickte verwirrt auf Frau Zumpen, auf Bertha, aber beide lächelten, und Frau Zumpen sagte: »Öffnen Sie die Mappe«, und ich öffnete sie; drinnen lag eine zweite, eine kleine rosenfarbene Mappe, und ich las auf dieser »Neubau Tannenidyll

- Ausgrabungsarbeiten«, ich öffnete auch diese, sah meinen Preisvorschlag als obersten liegen; ganz oben hatte jemand mit rot geschrieben: »Billigster Vorschlag!«

Ich merkte, wie ich vor Freude rot wurde, hörte 5 mein Herz schlagen und dachte an die 20000 Mark.

»Mein Gott«, sagte ich leise und machte die Mappe zu, und diesmal vergaß Bertha, mich zur Ordnung zu rufen.

»Also«, sagte Frau Zumpen lächelnd, »trinken wir!« 10 Wir tranken, und ich stand auf und sagte: »Es ist vielleicht unhöflich, aber Sie verstehen vielleicht, dass ich jetzt nach Hause möchte.«

»Ich verstehe Sie gut«, sagte Frau Zumpen, »da ist nur noch eine Kleinigkeit.« Sie nahm die Mappe, sah 15 sie durch und sagte: »Ihr Kubikmeterpreis liegt dreißig Pfennig unter dem Preis des nächstbilligeren. Ich schlage vor, Sie setzen den Preis noch fünfzehn Pfennig höher: so bleiben Sie immer noch der Billigste und haben doch viertausendfünfhundert mark mehr. Los, 20 tun Sie's gleich!« Bertha nahm den *Füllfederhalter* aus ihrer Handtasche und hielt ihn mir hin, aber ich war

der Füllfederhalter

zu nervös, um zu schreiben; ich gab Bertha die Mappe und beobachtete, wie sie mit ruhiger Hand den Meterpreis umänderte, die Endsumme neu schrieb und die 25 Mappe an Frau Zumpen zurückgab.

»Und nun«, sagte Frau Zumpen, »nur noch eine Kleinigkeit. Nehmen Sie Ihr Scheckbuch und schreiben Sie einen Scheck über dreitausend Mark aus.«

Sie hatte das zu mir gesagt, aber Bertha war es, die unser Scheckbuch aus ihrer Handtasche nahm und den Scheck ausschrieb.

»Er wird gar nicht gedeckt sein«, sagte ich leise.

»Wenn die Arbeit festgesetzt wird, bekommen Sie eine kleine Summe im Voraus, und dann wird er gedeckt sein«, sagte Frau Zumpen.

Vielleicht habe ich das, als es geschah, gar nicht verstanden. Als wir die Treppe hinuntergingen, sagte Bertha, dass sie glücklich sei, aber ich schwieg.

Bertha wählte einen anderen Weg, wir fuhren durch stille Gegenden. Licht sah ich in offenen Fenstern, Menschen im Freien sitzen und Wein trinken; es war eine helle und warme Nacht.

»Der Scheck war für Zumpen?«, fragte ich nur einmal leise, und Bertha antwortete ebenso leise: »Natürlich«. Ich blickte auf Berthas kleine braune Hände, mit denen sie sicher und ruhig das Rad hielt. Hände, dachte ich, die Schecks unterschreiben und Butterbrote zurechtmachen, und ich blickte höher - auf ihren Mund und hatte auch jetzt keine Lust, ihn zu küssen.

An diesem Abend half ich Bertha nicht, den Wagen in die Garage zu setzen, und ich half ihr auch nicht in der Küche. Ich nahm einen Kognak, ging in mein Arbeitszimmer hinauf und setzte mich an meinen Schreibtisch, der viel zu groß für mich war. Ich dachte über etwas nach, stand auf, ging ins Schlafzimmer und blickte auf die Barockmadonna, aber auch dort fiel mir das, worüber ich nachdachte, nicht ein.

Das Klingeln des Telefons unterbrach mein Nachdenken; ich nahm den Hörer auf und war nicht erstaunt, Zumpens Stimme zu hören.

»Ihre Frau«, sagte er, »hat einen kleinen Fehler gemacht. Sie hat den Meterpreis nicht um fünfzehn, sondern um fünfundzwanzig Pfennige höher gesetzt.« 5

Ich dachte einen Augenblick ruhig nach und sagte dann: »Das ist kein Fehler, darin sind wir uns ganz einig.«

Er schwieg erst und sagte dann lachend: »Sie hatten also vorher die verschiedenen Möglichkeiten durchge- 10
sprochen?«

»Ja«, sagte ich.

»Schön, dann schreiben Sie noch einen Scheck über tausend aus.«

»Fünfhundert«, sagte ich, und ich dachte: Es ist wie 15
in schlechten Romanen - genauso ist es.

»Achthundert«, sagte er, und ich sagte lachend: »Sechshundert«, und ich wusste, wenn ich auch keine Erfahrung hatte, dass er jetzt siebenhundertfünfzig sagen würde, und als er es wirklich sagte, sagte ich »ja« 20
und legte den Hörer auf.

Es war noch nicht Mitternacht, als ich die Treppe hinunterging und Herrn Zumpen den Scheck ans Auto brachte; er war allein und lachte, als ich ihm den Scheck hineinreichte. Als ich langsam ins Haus ging, 25
war von Bertha noch nichts zu sehen; sie kam nicht, als ich ins Arbeitszimmer zurückging; sie kam nicht, als ich noch einmal hinunterging, um mir noch ein Glas Milch aus dem Eisschrank zu holen, und ich wusste, was sie dachte: Er muss darüber hinwegkommen, und ich 30
muss ihn allein lassen, er muss das verstehen. Aber ich verstand es nie, und es war auch nicht zu verstehen.

Fragen

1. Woher kannten die jungen Leute Herrn und Frau Zumpen?

2. Warum war der junge Mann so nervös?

3. Worüber wurde bei Tisch gesprochen?

4. Worin zeigte Bertha ihre Tüchtigkeit im Hause?

5. Was verstand sie sonst noch besser als ihr Mann?

6. Warum gingen Zumpens so früh?

7. Worüber ärgerte sich der junge Mann, als Zumpens gegangen waren?

8. Was hatte Bertha dann für einen Rat?

9. Wie sah die Stadt am späten Abend aus?

10. Was lernte Berthas Mann an dem Abend?

11. Wie fühlte er sich nachher?

12. Warum konnte er sich nicht recht über das Geschäft freuen?

Daniel, der Gerechte

Solange es dunkel war, konnte die Frau, die neben ihm lag, sein Gesicht nicht sehen, und so war alles leichter auszuhalten. Sie redete seit einer Stunde auf ihn ein, und es war einfach, immer wieder »ja« oder »ja natürlich« oder »ja, du hast Recht« zu sagen. Es war seine 5
Frau, die neben ihm lag, aber wenn er an sie dachte, dachte er immer: die Frau. Sie war sogar schön, und es gab Leute, die ihn um sie beneideten, und er hätte Grund zur *Eifersucht* gehabt – aber er war nicht eifersüchtig; er war froh, dass die Dunkelheit ihm den 10
Anblick ihres Gesichts verbarg und es ihm erlaubte, sein Gesicht entspannt zu lassen; es gab nichts Mühevolleres, als den ganzen Tag, solange Licht war, ein Gesicht aufzusetzen, und das Gesicht, das er am Tage zeigte, war ein aufgesetztes Gesicht. 15

»Wenn Uli nicht durchkommt«, sagte sie, »gibt's eine Katastrophe. Marie würde es nicht aushalten können, du weißt ja, wie sehr sie leiden musste. Nicht wahr?«

---

die Eifersucht, neidisches Streben, etwas allein zu besitzen

»Ja, natürlich«, sagte er, »ich weiß es.«

»Sie hat trockenes Brot essen müssen, sie hat - es ist eigentlich unverständlich, wie sie es hat aushalten können - sie hat wochenlang in *Betten* gelegen, die *nicht bezogen* waren, und als sie Uli bekam, war Erich noch nicht aus dem Krieg zurückgekommen. Wenn das Kind die Aufnahmeprüfung nicht besteht: ich weiß nicht, was passiert. Hab' ich Recht?«

»Ja, du hast Recht«, sagte er.

»Sieh zu, dass du den Jungen siehst, bevor er die Klasse betritt, in der die Prüfung stattfindet - sag ihm ein paar nette Worte. Du wirst tun, was du kannst, wie?«

»Ja«, sagte er.

An einem Frühlingstag vor dreißig Jahren war er selbst in die Stadt gekommen, um die Aufnahmeprüfung zu machen: rot war an diesem Abend das Sonnenlicht über die Straße gefallen, in der seine Tante wohnte, und in Hunderten von Fenstern lag dieses Rot wie *glühendes* Metall.

Später, als sie beim Essen saßen, fragte die Tante: »Wirst du es schaffen?«, und der Onkel, der mit der Zeitung in der Hand am Fenster saß, schüttelte den Kopf, als halte er diese Frage für verletzend.

Dann machte die Tante sein Bett auf der Küchenbank zurecht, eine *Steppdecke* war die Unterlage, der Onkel gab sein *Oberbett*, die Tante ein Kopfkissen her. »Bald wirst du ja dein eigenes Bettzeug hierhaben«,

---

das nicht bezogene Bett, ein Bett ohne Bettwäsche
glühend, vor Hitze rot sein

sagte die Tante, »und nun schlaf gut. Gute Nacht.«
»Gute Nacht«, sagte er, und die Tante machte das
Licht aus und ging ins Schlafzimmer.

Der Onkel blieb und versuchte so zu tun, als ob er
etwas suche; über das Gesicht des Jungen hinweg *taste-* 5
ten seine Hände zur *Fensterbank* hin, und die Hände,
die nach Farbe rochen, kamen von der Fensterbank
zurück und tasteten wieder über sein Gesicht; und
ohne gesagt zu haben, was er wollte, verschwand er im
Schlafzimmer. 10

die Fensterbank

das Oberbett

die Steppdecke

»Ich werde es schaffen«, dachte der Junge, als er
allein war, und er sah die Mutter vor sich, die jetzt zu
Hause am Herd saß, hin und wieder die Hände sinken
ließ und *betete.*

»Es gibt Dinge, die einfach nicht geschehen dür- 15
fen«, sagte die Frau neben ihm, und da sie auf eine

---

tasten, vorsichtig und suchend greifen
beten, zu Gott sprechen

Antwort zu warten schien, sagte er müde »ja« und stellte fest, dass es langsam hell wurde; der Tag kam und brachte ihm die schwerste aller Pflichten: sein Gesicht aufzusetzen.

5 »Nein«, dachte er, »es geschehen genug Dinge, die nicht geschehen dürfen.« Damals, im Dunkeln auf der Küchenbank, vor dreißig Jahren, war er so voller Hoffnung gewesen: er dachte an die Rechenaufgabe, dachte an den *Aufsatz*, und er war sicher, dass alles gut werden würde. Sicher würde das Aufsatzthema heißen:
10 »Ein merkwürdiges *Erlebnis*«, und er wusste genau, worüber er schreiben würde: den Besuch in *die Anstalt*, wo Onkel Thomas war: grünweiß *gestreifte Stühle* im *Sprechzimmer*, und der Onkel Thomas, der -
15 was man auch immer zu ihm sagte - nur den einen Satz sprach: »Wenn es nur Gerechtigkeit auf dieser Welt gäbe.«

»Ich habe dir einen schönen roten Pullover gestrickt«, sagte seine Mutter, »mochtest doch rote
20 Sachen immer so gern.«

»Wenn es nur Gerechtigkeit auf dieser Welt gäbe.« Sie sprachen über das Wetter, über Kühe und ein wenig über Politik, und immer sagte Thomas nur den einen Satz: »Wenn es nur Gerechtigkeit auf dieser
25 Welt gäbe.«

Und später, als sie durch den grüngestrichenen Gang zurückgingen, sah er am Fenster einen schmalen

---

der Aufsatz, schriftliche Aufgabe über ein Thema, das der Lehrer dem Schüler stellt
das Erlebnis, das Ereignis
die Anstalt, öffentliches Gebäude, Heim

der gestreifte Stuhl

das Sprechzimmer

Mann mit hängenden Schultern, der stumm in den
Garten hinausblickte.

Kurz bevor sie den Eingang passierten, kam ein sehr
freundlicher, liebenswürdig lächelnder Mann auf sie zu
und sagte: »Madame, bitte vergessen Sie nicht, mich 5
mit Majestät anzureden«, und die Mutter sagte leise zu
dem Mann: »Majestät.« Und als sie an der Straßenbahnhaltestelle standen, hatte er noch einmal zu dem
grünen Haus, das zwischen den Bäumen verborgen lag,
hingeblickt, den Mann mit den hängenden Schultern 10

am Fenster gesehen, und ein Lachen klang durch den Garten hin, als zerschneide jemand Blech mit einer Schere.

»Dein Kaffee wird kalt«, sagte die Frau, die seine
5 Frau war, »und iss doch wenigstens etwas.«

Er nahm die Kaffeetasse an den Mund und aß etwas. »Ich weiß«, sagte die Frau und legte ihre Hand auf seine Schulter, »ich weiß, dass du wieder über deine Gerechtigkeit nachdenkst, aber kann es ungerecht
10 sein, einem Kind ein wenig zu helfen? Du magst doch Uli?«

»Ja«, sagte er, und dieses Ja war aufrichtig: er mochte Uli; der Junge war zart, freundlich und auf seine Weise intelligent, aber es würde eine *Qual* für ihn sein,
15 das Gymnasium zu besuchen: Mit vielen Nachhilfestunden, angetrieben von einer *ehrgeizigen* Mutter, unter größter Mühe und mit viel fremder Hilfe würde er immer nur ein mittelmäßiger Schüler sein. Er würde immer die Last eines Lebens, eines *Anspruchs* tragen
20 müssen, dem er nicht genügen konnte.

»Du versprichst mir, etwas für Uli zu tun, nicht wahr?«

»Ja«, sagte er, »ich werde etwas für ihn tun«, und er küsste das schöne Gesicht seiner Frau und verließ das
25 Haus. Er ging langsam, steckte sich eine Zigarette in den Mund, ließ das aufgesetzte Gesicht fallen und

---

die Qual, ein sehr starker, lang anhaltender körperlicher oder seelischer Schmerz
ehrgeizig, nach Erfolg und Anerkennung strebend
der Anspruch, die Forderung

genoss das Gefühl, sein eigenes Gesicht auf der Haut zu fühlen. Er betrachtete es im Fenster eines Geschäftes; das Glas spiegelte sein Gesicht wieder: das blasse, ein wenig *gedunsene* Gesicht eines Mannes um die Mitte Vierzig - das Gesicht eines *Skeptikers* eines *Zynikers* 5 vielleicht; weißlich wehte der Zigarettenrauch um das blasse gedunsene Gesicht. Alfred, sein Freund, der vor einem Jahr gestorben war, hatte immer gesagt: »Du bist nie über einige *Ressentiments* hinweggekommen - und alles, was du tust, ist zu sehr von Gefühlen bestimmt«. 10

Alfred hatte das Beste gemeint, er hatte sogar etwas Richtiges sagen wollen, aber mit Worten konnte man einen Menschen nie fassen, und für ihn stand fest, dass Ressentiment eines der billigsten, eines der bequemsten Worte war. 15

Damals vor dreißig Jahren, auf der Bank in der Küche der Tante, hatte er gedacht: einen solchen Aufsatz wird keiner schreiben; ein so merkwürdiges Erlebnis hat bestimmt keiner gehabt, und bevor er einschlief, dachte er andere Dinge: auf dieser Bank würde 20 er neun Jahre lang schlafen, auf diesem Tisch seine Schulaufgaben machen, neun Jahre lang, und diese lange Zeit hindurch würde die Mutter zu Hause am Herd sitzen, an ihn denken und beten. Im Zimmer nebenan hörte er Onkel und Tante miteinander 25 sprechen, und von dem, was sie sprachen, wurde nur

---

gedunsen, ungesund dick
der Skeptiker, jemand, der alles bezweifelt
der Zyniker, ein bissiger und gemeiner Mensch
die Ressentiments, negative Gefühle, wie Abneigung, Hass

ein Wort deutlich, sein Name: Daniel. Sie sprachen also über ihn, und obwohl er sie nicht verstand, wusste er, dass sie gut über ihn sprachen. Sie mochten ihn, selbst hatten sie keine Kinder. Und dann bekam er
5 plötzlich Angst: In zwei Jahren schon, dachte er erschrocken, wird diese Bank zu kurz für mich - wo werde ich dann schlafen? Für einige Minuten beunruhigte ihn diese Vorstellung sehr, dann aber dachte er: Zwei Jahre, wie unendlich viel Zeit ist das; viel Dun-
10 kelheit, die sich Tag um Tag erhellen würde, und er fiel ganz plötzlich in das Stückchen Dunkelheit, das vor ihm lag: die Nacht vor der Prüfung, und im Traum verfolgte ihn das Bild, das zwischen Schrank und Fenster an der Wand hing: Männer mit wütenden Gesichtern
15 standen vor einem Fabriktor, und einer hielt eine *ausgefranste* rote *Fahne* in der Hand, und im Traum las das Kind deutlich, was er im Halbdunkel nur langsam hatte lesen können: STREIK.

Er trennte sich von seinem Gesicht, das blass im
20 Fenster hing; er trennte sich langsam, denn er sah das Kind, das er einmal gewesen war, hinter diesem Gesicht.

»Streik«, hatte dreizehn Jahre später der Schulrat zu ihm gesagt, »Streik, halten Sie das für ein Aufsatz-

die ausgefranste Fahne

---

der Streik, die Arbeiter arbeiten nicht, um bestimmte Forderungen durchzusetzen

thema, das man *Primanern* geben sollte?« Er hatte das
Thema nicht gegeben, und das Bild hing damals, 1934,
längst nicht mehr an der Wand in der Küche des
Onkels. Es blieb noch die Möglichkeit, Onkel Thomas
in der Anstalt zu besuchen, auf einem der grün gestre- 5
iften Stühle zu sitzen, Zigaretten zu rauchen und Thomas zuzuhören, der auf etwas zu antworten schien, das
nur er allein hörte: *lauschend* saß Thomas da - aber er
lauschte nicht auf das, was die Besucher ihm erzählten
-, er lauschte dem Klagegesang eines unsichtbaren 10
Chores, der, irgendwo versteckt, etwas hersagte, auf
das es nur eine Antwort gab, Thomas' Antwort:
»Wenn es nur Gerechtigkeit auf dieser Welt gäbe.«

das Gitter

Der Mann, der, immer am Fenster stehend, in den
Garten blickte, hatte sich eines Tages - so mager war er 15
geworden - durch das *Gitter* hindurchdrängen und in
den Garten stürzen können: sein blechernes Lachen
war über ihm selbst zusammengestürzt. Aber die Majestät lebte noch, und Heemke hatte es nie vergessen,
auf ihn zuzugehen und leise zu ihm zu sagen: »Maje- 20

---

der Primaner, ein Schüler der beiden letzten Klassen eines Gymnasiums
lauschen, zuhören

stät.« »Diese Typen werden sehr alt«, sagte der Pfleger zu ihm, »den wirft so leicht nichts um.«

Aber sieben Jahre später lebte die Majestät nicht mehr, und auch Thomas war tot: sie waren ermordet worden, und der Chor, der versteckt seinen Klagegesang herunterbetete, dieser Chor wartete umsonst auf die Antwort, die nur Thomas ihm geben konnte.

Heemke betrat die Straße, in der die Schule lag, und bekam einen Schrecken, als er die vielen Prüflinge sah: mit Müttern, mit Vätern standen sie herum, und sie alle hatten jene unechte Heiterkeit, die vor Prüfungen wie eine Krankheit über die Menschen fällt: verzweifelte Heiterkeit lag wie *Schminke* auf den Gesichtern der Mütter, verzweifelte Teilnahmslosigkeit auf denen der Väter.

Ihm aber fiel ein Junge auf, der allein, fern von den anderen, auf der Treppe eines zerstörten Hauses saß. Heemke blieb stehen und fühlte, dass Schrecken in ihm hochstieg wie Feuchtigkeit in einem Schwamm: Vorsicht, dachte er, wenn ich nicht Acht gebe, werde ich eines Tages dort sitzen, wo Onkel Thomas saß, und vielleicht werde ich denselben Satz sagen. Das Kind, das auf der Treppe saß, war ihm selbst gleich, wie er sich dreißig Jahre jünger in Erinnerung hatte, so sehr, dass es ihm schien, als fielen die dreißig Jahre von ihm ab wie eine reife Frucht von einem Baum.

Lärm, Lachen - die Sonne schien auf feuchte Dächer, von denen der Schnee *weggeschmolzen* war,

---

die Schminke, ein kosmetisches Mittel
geschmolzen, von: schmelzen; flüssig werden

der Schal

und nur in den Schatten der Ruinen hatte sich der Schnee gehalten. Der Onkel hatte ihn damals viel zu früh hierher gebracht; sie waren damals mit der Straßenbahn über die Brücke gefahren, hatten kein Wort miteinander gesprochen, und während er auf die 5

der Bäckerjunge   die Kan

das Brötchen

schwarzen Strümpfe des Jungen blickte, dachte er:
Schüchternheit ist eine Krankheit, die man heilen sollte, wie man Husten heilt. Die Schüchternheit des
Onkels damals, seine eigene dazu, hatte ihm die Luft
5 abgeschnitten. Stumm mit dem roten *Schal* um den

die Schüchternheit, die Ängstlichkeit
der Schal, siehe Zeichnung auf Seite 67

der Gemüsekarren

das Pflaster

Hals, die Kaffeeflasche in der rechten Rocktasche, so
hatte der Onkel in der leeren Straße neben ihm
gestanden, hatte plötzlich etwas von »Arbeit gehen«
gesagt und war weggegangen, und er hatte sich auf eine
Treppe gesetzt: *Gemüsekarren* rollten übers *Pflaster*, ein   5
Bäckerjunge kam mit dem *Brötchen*korb vorbei, und ein
Mädchen ging mit einer Milch*kanne* von Haus zu Haus
und hinterließ auf jeder Treppe eine kleine bläuliche

Milchspur - sehr fein waren ihm die Häuser vorgekommen, in denen keiner zu wohnen schien, und jetzt noch konnte er an den Ruinen die gelbe Farbe sehen, die ihm damals so fein vorgekommen schien.

5 »Guten Morgen, Herr Direktor«, sagte jemand, der an ihm vorüberging; er nickte kurz, und er wusste, dass der Kollege drinnen sagen würde: »Der Alte ist wieder verrückt.«

»Ich habe drei Möglichkeiten«, dachte er, »ich 10 kann in das Kind fallen, das dort auf der Treppe sitzt, ich kann der Mann mit dem blassen gedunsenen Gesicht bleiben, und ich kann Onkel Thomas werden.«

Die Möglichkeit, die ihm am wenigsten gefiel, war 15 die, er selbst zu bleiben: die schwere Last, das aufgesetzte Gesicht zu tragen - genauso unangenehm war auch die, das Kind zu sein: Bücher, die er liebte, die er hasste, am Küchentisch *verschlungen*, gefressen hatte er sie, und es blieb jede Woche der Kampf ums Papier, um 20 *Kladden*, die er mit Zeichnungen, mit Rechenaufgaben, mit Aufsätzen füllte; jede Woche dreißig Pfennig, um die er kämpfen musste, bis der Lehrer auf den Gedanken kam, aus alten Schulheften, die im Keller der Schule lagen, ihn die leeren Seiten herausreißen zu 25 lassen; aber er riss auch die heraus, die nur einseitig beschrieben waren, und nähte sie sich zu Hause mit einem schwarzen Faden zu dicken Heften zusammen -

---

verschlungen, von: verschlingen; ohne zu kauen, fressen
die Kladde, das Schreibheft

und jetzt schickte er jedes Jahr Blumen für das Grab des Lehrers ins Dorf.

»Niemand«, dachte er, »hat je erfahren, was es mich gekostet hat, kein Mensch, außer Alfred vielleicht, aber Alfred hat nur ein dummes Wort gesagt, das Wort: Ressentiment. Es ist sinnlos, darüber zu sprechen, es irgendjemand zu erklären - am wenigsten würde die es verstehen, die mit ihrem schönen Gesicht immer neben mir im Bett liegt.«

Noch war er unentschlossen für ein paar Augenblicke, in denen die Vergangenheit über ihm lag: am liebsten wollte er die Rolle von Onkel Thomas übernehmen, nur immer die eine, einzige Antwort auf den Klagegesang herunterzubeten, den der versteckte Chor absang.

Nein, nicht wieder dieses Kind sein, es ist zu schwer: Welcher Junge trägt in der heutigen Zeit noch schwarze Strümpfe? Die mittlere Lösung war es, der Mann mit dem blassen, gedunsenen Gesicht zu bleiben, und er hatte immer nur die mittleren Lösungen vorgezogen. Er ging auf den Jungen zu, und als sein Schatten über das Kind fiel, blickte es auf und sah ihn ängstlich an.

»Wie heißt du?«, fragte Heemke.

Der Junge stand schnell auf, und aus seinem geröteten Gesicht kam die Antwort: »Wierzok.«

»Buchstabiere es mir, bitte«, sagte Heemke und nahm sein Notizbuch, und das Kind buchstabierte langsam »W-i-e-r-z-o-k«.

»Und wo kommst du her?«

»Aus Wollersheim«, sagte das Kind.

Gott sei Dank, dachte Heemke, ist er nicht aus meinem Heimatdorf und trägt nicht meinen Namen - ist nicht eins der Kinder von meinen vielen Verwandten.

»Und wo wirst du hier in der Stadt wohnen?«

»Bei meiner Tante«, sagte Wierzok.

»Schön«, sagte Heemke, »es wird schon gut gehen mit der Prüfung. Du hast gute *Zeugnisse* und eine gute Beurteilung von deinem Lehrer, nicht wahr?«

»Ja, ich hatte immer gute Zeugnisse.«

»Mach dir keine Angst«, sagte Heemke, »es wird schon gut gehen, du wirst ...« Er unterbrach sich, weil das, was Alfred Gefühle und Ressentiment genannt hätte, ihm die Luft nahm. »Erkälte dich nicht auf den kalten Steinen«, sagte er leise, wandte sich plötzlich ab und betrat die Schule durch den Hintereingang, weil er Uli und Ulis Mutter aus dem Wege gehen wollte. Hinter dem Vorhang des Gangfensters versteckt, blickte er noch einmal auf die Kinder und ihre Eltern, die draußen warteten, und wie jedes Jahr an diesem Tag befiel ihn eine traurige Stimmung: In den Gesichtern dieser Zehnjährigen glaubte er eine hoffnungslose Zukunft zu lesen. Sie drängten sich vor dem Schultor wie Tiere vor dem Stall: zwei oder drei von diesen siebzig Kindern würden mehr als mittelmäßig sein, und alle anderen würden nur die bedeutungslose Masse darstellen. Alfreds Zynismus ist tief in mich eingedrungen, dachte er, und er blickte hilfesuchend zu dem kleinen Wierzok hin, der sich doch wieder gesetzt hatte und mit hängendem Kopf nachzudenken schien.

Ich habe mir damals eine schlimme Erkältung geholt, dachte Heemke. Dieses Kind wird bestehen,

---

die *Zeugnisse*, ein Papier, auf dem die Leistungen des Schülers bestätigt sind und wenn ich, wenn ich - wenn ich was?

Ressentiment und Gefühle, mein lieber Alfred, das sind nicht die Worte, die ausdrücken, was mich erfüllt.

Er ging ins Lehrerzimmer und begrüßte die Kollegen, die auf ihn gewartet hatten, und sagte: »Lassen Sie die Kinder jetzt herein.«

An den Gesichtern der Kollegen konnte er ablesen, wie merkwürdig er sich benommen hatte. »Vielleicht«, dachte er, »habe ich eine halbe Stunde dort draußen auf der Straße gestanden und den kleinen Wierzok betrachtet«, und er blickte ängstlich auf die Uhr; aber es war erst vier Minuten nach acht.

»Meine Herren«, sagte er laut, »bedenken Sie, dass für manche dieser Kinder die Prüfung, die sie heute machen werden, von größerer Bedeutung ist, als für einige von ihnen in fünfzehn Jahren das Doktorexamen sein wird.« Sie warteten auf mehr, und die, die ihn kannten, warteten auf das Wort, das er bei jeder Gelegenheit so gern sagte, auf das Wort »Gerechtigkeit«. Aber er sagte nichts mehr, wandte sich nur mit leiser Stimme an einen Kollegen und fragte: »Wie heißt das Aufsatzthema für die Prüflinge?«

»Ein merkwürdiges Erlebnis.«

Heemke blieb allein im Lehrerzimmer zurück. Seine Sorge damals, dass die Küchenbank in zwei Jahren zu kurz für ihn sein würde, war unnötig gewesen, denn er hatte die Aufnahmeprüfung nicht bestanden, obwohl das Aufsatzthema »Ein merkwürdiges Erlebnis« hieß. Bis zu dem Augenblick, wo sie in die Schule eingelassen wurden, war er überzeugt, dass es gut gehen würde, aber die Überzeugung war, als er die Schule betrat, dahingeschmolzen gewesen.

Als er den Aufsatz niederschreiben wollte, versuch-

te er vergebens, sich an Onkel Thomas festzuhalten. Thomas war plötzlich sehr nahe, zu nahe, als dass er über ihn einen Aufsatz hätte schreiben können; er schrieb die Überschrift hin: »Ein merkwürdiges Erlebnis«, darunter schrieb er: »Wenn es nur Gerächtigkeit 5 auf der Welt gäbe« - und er schrieb in Gerechtigkeit statt des zweiten e ein ä, weil er sich dunkel daran erinnerte, dass alle Worte einen Stamm haben, und es schien ihm, als sei der Stamm von Gerechtigkeit *Rache*. 10

Mehr als zehn Jahre hatte er gebraucht, um, wenn er an Gerechtigkeit dachte, nicht an Rache zu denken.

Das schlimmste von diesen zehn Jahren war das nach der nicht bestandenen Prüfung gewesen: die, von denen man wegging in ein Leben hinein, das nur so 15 aussah, als ob es ein besseres war, konnten ebenso hart sein wie die, die nichts vermuteten und nichts wussten und denen ein Telefongespräch des Vaters ersparte, was sie selbst Monate des Schmerzes und der Mühe gekostet hätte; ein Lächeln der Mutter, ein Hände- 20 druck, sonntags nach der Messe gewechselt, und ein schnell hingeworfenes Wort: das war die Gerechtigkeit der Welt - und das andere, das er immer gewollt, aber nie erreicht hatte, war das, nach dem Onkel Thomas so heftig verlangt hatte. Der Wunsch, das zu erreichen, 25 hatte ihm den Namen »Daniel, der Gerechte« eingebracht.

Er bekam einen Schreck, als die Tür aufging und

---

die Rache, die Vergeltung für eine böse Tat

Ulis Mutter hereinkam.

»Marie«, sagte er, »was - warum ...«

»Daniel«, sagte sie, »ich ...«, aber er unterbrach sie und sagte: »Ich habe keine Zeit, nicht eine Sekunde -
5 nein«, sagte er heftig, und er verließ das Zimmer und stieg zum ersten Stock hinauf: hier oben hin drang der Lärm der wartenden Mütter nur leise. Er trat an das Fenster, das zum Hof hin lag, steckte seine Zigarette in den Mund, vergaß aber, sie anzuzünden. Dreißig Jahre
10 habe ich gebraucht, um über alles hinwegzukommen und um eine Vorstellung von dem zu *erlangen*, was ich will. Ich habe die Rache aus meiner Gerechtigkeit entfernt; ich verdiene mein Geld, ich setze mein hartes Gesicht auf, und die meisten glauben, dass ich damit
15 an meinem Ziel sei: aber ich bin noch nicht am Ziel; jetzt erst starte ich - aber das harte Gesicht kann ich jetzt ablegen und wegtun, wie man einen alten Hut wegtut, den man nicht mehr braucht; ich werde ein anderes Gesicht haben, vielleicht mein eigenes ...
20 Er würde Wierzok dieses Jahr ersparen; kein Kind wollte er dem ausgesetzt wissen, dem er ausgesetzt gewesen war, kein Kind, am wenigsten aber dieses - dem er begegnet war wie sich selbst -

---

erlangen, erreichen

Fragen

1. Warum fühlt sich Daniel am wohlsten im Dunkeln und wenn er allein ist?

2. Was hält Daniel von Onkel Thomas?

3. Welche Bedeutung hat das Wort »Gerechtigkeit« in Daniels Leben?

4. Welche Bedeutung hatte das Wort »Streik« für die Arbeiter 1923, 1934 und heute?

5. Wie verhält sich Daniel Wierzok gegenüber?

6. Warum fiel Daniel durch die Aufnahmeprüfung?

7. Warum wird Wierzok die Prüfung bestehen?

8. Wird Uli die Prüfung bestehen?

9. Was hat für Daniel Rache mit Gerechtigkeit zu tun?

10. Warum hat Daniel den Namen »der Gerechte« bekommen?

11. Welches sind die drei Gesichter Daniels?

EASY READERS *Dänemark*
ERNST KLETT SPRACHEN *Deutschland*
ARCOBALENO *Spanien*
LIBER *Schweden*
PRACTICUM EDUCATIEF BV. *Holland*
EMC CORP. *USA*
HEINEMANN *Australien*
WYDAWNICTWO LEKTORKLETT *Polen*
KLETT KIADO KFT. *Ungarn*
EUROPEAN SCHOOLBOOKS PUBLISHING LTD. *England*
LOESCHER EDITORE *Italien*
FISCHER INTERNATIONAL *Rumänien*
NÜANS PUBLISHING *Türkei*
SBS *Brasilien*
MANAGER LTD *Russland.*

Ein Verzeichnis aller bisher erschienenen EASY READERS
in deutscher Sprache finden Sie auf der vorletzten
Umschlagseite.
Diese Ausgabe ist gekürzt und vereinfacht und ist damit für
den Deutschlernenden leicht zu lesen.
Die Wortwahl und der Satzbau richten sich - mit wenigen
Ausnahmen - nach der Häufigkeit der Anwendung und
dem Gebrauchswert für den Leser.
Weniger gebräuchliche oder schwer zugängliche Wörter
werden durch Zeichnungen oder Fußnoten in leicht
verständlichem Deutsch erklärt.
EASY READERS sind unentbehrlich für Schule
und Selbststudium.
EASY READERS sind auch auf Französisch, Englisch, Spanisch,
Italienisch und Russisch vorhanden.

EASY READERS BISHER ERSCHIENEN:

Johanna Spyri: Heidi (0)
Gottfried August Bürger: Münchhausens Abenteuer (A)
Michael Ende: Lenchens Geheimnis (A)
Ursula Fuchs: Wiebke und Paul (A)
Peter Härtling: Ben liebt Anna (A)
Erich Kästner: Mein Onkel Franz (A)
Erich Kästner: Das doppelte Lottchen (A)
Siegfried Lenz: Lotte soll nicht sterben (A)
Inge Meyer-Dietrich: Und das nennt ihr Mut? (A)
Jo Hanns Rösler: Gänsebraten und andere Geschichten (A)
Heinrich Spoerl: Man kann ruhig darüber sprechen (A)
Till Eulenspiegel (A)
August Winnig: Das Römerzimmer (A)
            Der Schneider von Osterwyk (A)
Brigitte Blobel: Das Model (B)
Gerhard Eikenbusch: Und jeden Tag ein Stück weniger von mir (B)
Hans Fallada: Erzählungen (B)
Marie Luise Kaschnitz: Kurzgeschichten (B)
Erich Kästner: Emil und die Detektive (B)
Siegfried Lenz: Das Feuerschiff (B)
Usch Luhn: Blind (B)
Hansjörg Martin: Kein Schnaps für Tamara (B)
Herbert Reinecker: Der Kommissar lässt bitten (B)
Andreas Schlüter: LEVEL 4: Die Stadt der Kinder (B)
Inge Scholl: Die Weiße Rose (B)
Heinrich Spoerl: Der Gasmann (B)
Otto Steiger: Einen Dieb fangen (B)
Friedhelm Werremeier: Zwei Kriminalstorys (B)
Christoph Wortberg: Novembernacht (B)
Marliese Arold: Ich will doch leben! (C)
Brigitte Blobel: Eine Mutter zu viel (C)
Thomas Brussig: Am kürzeren Ende der Sonnenallee (C)
Jana Frey: Sackgasse Freiheit (C)
Albrecht Goes: Das Brandopfer (C)
Erich Kästner: Drei Männer im Schnee (C)
Siegfried Lenz: Lehmanns Erzählungen oder
            So schön war mein Markt (C)
Siegfried Lenz: So zärtlich war Suleyken (C)
Hansjörg Martin: Die lange, große Wut (C)
Angelika Mechtel: Flucht ins fremde Paradies (C)
Barbara Noack: Die Zürcher Verlobung (C)
Gudrun Pausewang: Du darfst nicht schreien (C)
Otfried Preußler: Krabat (C)
Herbert Reinecker: Fälle für den Kommissar (C)
Luise Rinser: Die Erzählungen (C)
Rosemarie von Schach: Tochterliebe (C)
Sybil Gräfin Schönfeldt: Sonderappell (C)
Gregor Tessnow: Knallhart (C)
Stefan Zweig: Novellen (C)
Heinrich Böll: Erzählungen (D)
Erich Kästner: Der kleine Grenzverkehr (D)
Friedhelm Werremeier: Treff mit Trimmel, Kriminalgeschichten (D)

Auf Grund gewisser Copyright-Bestimmungen sind einige
der oben genannten Titel nicht in allen Ländern erhältlich.
Bestellen Sie bitte den Easy Reader Katalog bei Ihrem Verleger.